MUJER DE BUENAS INTENCIONES

ROSARIO CASTELLANOS (Ciudad de México, 1925 – Tel Aviv, 1974), novelista, poeta, ensayista y diplomática, ejerció el magisterio en la Universidad Nacional Autónoma de México y en las universidades de Wisconsin y Bloomington, en Estados Unidos, así como en la Universidad Hebrea de Jerusalén. Colaboró en suplementos culturales de los principales diarios y revistas especializadas en México y en el extranjero. Recibió diversos reconocimientos, como el Premio Chiapas, el Xavier Villaurrutia y el Elías Sourasky. Otras obras suyas son: *Balún-Canán, El eterno femenino, Juicios sumarios, Ensayos sobre literatura, Meditación en el umbral, Mujer que sabe latín…, Sobre cultura femenina y Los convidados de agosto.*

MUJER DE BUENAS INTENCIONES

ROSARIO CASTELLANOS

Selección de Luna Miguel

POESÍA
PORTÁTIL

PASAPORTE

¿Mujer de ideas? No, nunca he tenido una.
Jamás repetí otras (por pudor o por fallas nemotécnicas).
¿Mujer de acción? Tampoco.
Basta mirar la talla de mis pies y mis manos.

Mujer, pues, de palabra. No, de palabra no.
Pero sí de palabras,
muchas, contradictorias, ay, insignificantes,
sonido puro, vacuo cernido de arabescos,
juego de salón, chisme, espuma, olvido.

Pero si es necesaria una definición
para el papel de identidad, apunte
que soy mujer de buenas intenciones
que he pavimentado
un camino directo y fácil al infierno.

AUTORRETRATO

Yo soy una señora: tratamiento
arduo de conseguir, en mi caso, y más útil
para alternar con los demás que un título
extendido a mi nombre en cualquier academia.

Así pues, luzco mi trofeo y repito:
yo soy una señora. Gorda o flaca
según las posiciones de los astros,
los ciclos glandulares
y otros fenómenos que no comprendo.

Rubia, si elijo una peluca rubia.
O morena, según la alternativa.
(En realidad, mi pelo encanece, encanece).

Soy más o menos fea. Eso depende mucho
de la mano que aplica el maquillaje.

Mi apariencia ha cambiado a lo largo del tiempo
—aunque no tanto como dice Weininger
que cambia la apariencia del genio—. Soy mediocre.
Lo cual, por una parte, me exime de enemigos
y, por la otra, me da la devoción
de algún admirador y la amistad
de esos hombres que hablan por teléfono
y envían largas cartas de felicitación.
Que beben lentamente whisky sobre las rocas
y charlan de política y de literatura.

Amigas… hmmm… a veces, raras veces
y en muy pequeñas dosis.

En general, rehúyo los espejos.
Me dirían lo de siempre: que me visto muy mal
y que hago el ridículo
cuando pretendo coquetear con alguien.

Soy madre de Gabriel: ya usted sabe, ese niño
que un día se erigirá en juez inapelable
y que acaso, además, ejerza de verdugo.
Mientras tanto lo amo.

Escribo. Este poema. Y otros. Y otros.
Hablo desde una cátedra.

Colaboro en revistas de mi especialidad
y un día a la semana publico en un periódico.

Vivo enfrente del Bosque. Pero casi
nunca vuelvo los ojos para mirarlo. Y nunca
atravieso la calle que me separa de él
y paseo y respiro y acaricio
la corteza rugosa de los árboles.

Sé que es obligatorio escuchar música
pero la eludo con frecuencia. Sé
que es bueno ver pintura
pero no voy jamás a las exposiciones
ni al estreno teatral ni al cine-club.

Prefiero estar aquí, como ahora, leyendo
y, si apago la luz, pensando un rato
en musarañas y otros menesteres.

Sufro más bien por hábito, por herencia, por no
diferenciarme más de mis congéneres
que por causas concretas.

Sería feliz si yo supiera cómo.
Es decir, si me hubieran enseñado los gestos,
los parlamentos, las decoraciones.

En cambio me enseñaron a llorar. Pero el llanto
es en mí un mecanismo descompuesto
y no lloro en la cámara mortuoria
ni en la ocasión sublime ni frente a la catástrofe.

Lloro cuando se quema el arroz o cuando pierdo
el último recibo del impuesto predial.

TELENOVELA

El sitio que dejó vacante Homero,
el centro que ocupaba Scherezada
(o antes de la invención del lenguaje, el lugar
en que se congregaba la gente de la tribu
para escuchar al fuego)
ahora está ocupado por la Gran Caja Idiota.

Los hermanos olvidan sus rencillas
y fraternizan en el mismo sofá; señora y sierva
declaran abolidas diferencias de clase
y ahora son algo más que iguales: cómplices.

La muchacha abandona
el balcón que le sirve de vitrina
para exhibir disponibilidades
y hasta el padre renuncia a la partida
de dominó y pospone
los otros vergonzantes merodeos nocturnos.

Porque aquí, en la pantalla, una enfermera
se enfrenta con la esposa frívola del doctor
y le dicta una cátedra
en que habla de moral profesional
y las interferencias de la vida privada.

Porque una viuda cose hasta perder la vista
para costear el baile de su hija quinceañera
que se avergüenza de ella y de su sacrificio
y la hace figurar como a una criada.

Porque una novia espera al que se fue;
porque una intrigante urde mentiras;
porque se falsifica un testamento;
porque una soltera da un mal paso
y no acierta a ocultar las consecuencias.

Pero también porque la debutante
ahuyenta a todos con su mal aliento.
Porque la lavandera entona una aleluya
en loor del poderoso detergente.
Porque el amor está garantizado
por un desodorante
y una marca especial de cigarrillos

y hay que brindar por él con alguna bebida
que nos hace felices y distintos.

Y hay que comprar, comprar, comprar, comprar.
Porque compra es sinónimo de orgasmo,
porque comprar es igual que beatitud,
porque el que compra se hace semejante a los dioses.

No hay en ello herejía.
Porque en la concepción y en la creación del hombre
se usó como elemento la carencia.
Se hizo de él un ser menesteroso,
una criatura a la que le hace falta
lo grande y lo pequeño.

Y el secreto teológico, el murmullo
murmurado al oído del poeta,
la discusión del aula del filósofo
es ahora potestad del publicista.

Como dijimos antes, no hay nada malo en ello.
Se está siguiendo un orden natural
y recurriendo a su canal idóneo.

Cuando el programa acaba
la reunión se disuelve.
Cada uno va a su cuarto
mascullando un —apenas— «buenas noches».

Y duerme. Y tiene hermosos sueños prefabricados.

ASENTAMIENTO DE UN HECHO

¿Morir? No. Es demasiado bello para ser cierto.
Ya vas a comprobar cómo, después del tránsito
(que no es, a fin de cuentas,
más que uno que otro espasmo muscular, «amor grande»,
si al sexo te permites llamar «muerte chiquita»)
la cosa sigue igual en algún otro lado.

Con más o menos frío, quizá; con hígado,
con pulmones, con pies, con narices, con hambre,
con años, con fatiga,
con olvidos, con ese tábano memorioso
que alrededor te zumba.

Lo continuo no cesa, así que cálmate.
Deja ya de sentarte al borde de las sillas,
de mirar el reloj
y de hojear las revistas de la sala de espera.

ELEGÍAS DEL AMADO FANTASMA

PRIMERA ELEGÍA

I

Inclinada en tu orilla, siento cómo te alejas.
Trémula como un sauce contemplo tu corriente
formada de cristales transparentes y fríos.
Huyen contigo todas las nítidas imágenes,
el hondo y alto cielo,
los astros imantados, la vehemencia
ingrávida del canto.

Con un afán inútil mis ramas se despliegan,
se tienden como brazos en el aire
y quieren prolongarse en bandadas de pájaros
para seguirte adonde va tu cauce.

Eres lo que se mueve, el ansia que camina,
la luz desenvolviéndose, la voz que se desata.

Yo soy sólo la asfixia quieta de las raíces
hundidas en la tierra tenebrosa y compacta.

II

Allá está el mar que no reposa nunca.

Allá el barco y la vela infatigable,
los breves edificios de la espuma,
las olas retumbando y persiguiéndose.
Allá, en los arrecifes, las sirenas
con el cabello y la canción flotantes
en lúcidos pendones musicales.

III

Yo quedaré dormida como el árbol
al que no abrazan hiedras de amorosa frescura,
ni coronan los nidos
ni rasgan su corteza verdes retoños tiernos.
Y estaré ciega, ciega para siempre
frente al asombro de mi espejo roto.

Si alguna vez me inclino como ahora
con un ademán trémulo de sauce
habrá de ser para asomarse en vano
al opaco arenal que abandonaste.

SEGUNDA ELEGÍA

I

Convaleciente de tu amor y débil
como el que ha aposentado largamente en sí mismo
agonías y fiebres,
salgo, purificada y tambaleante,
al reclamo de calles y de patios.
¡Qué algarabía de ruidos confusos y de olores
mezclados! ¡Qué agresivo
desorden de colores esparcidos!

Con los cinco sentidos sellados yo percibo
en mansedumbre el sol sobre mi espalda.

Las hormigas circulan a mis plantas.

Si alguien me sacudiera despertara
en un extraño mundo, frágil y húmedo,
como bañado en lágrimas.

II

No es en el costado la herida, ni en las sienes.
Las manos palparían sin hallarla
y el que escuche las quejas atiende señas falsas
y confía en palabras inexactas.
No es siquiera una herida. Es el cimiento
roído de gusanos, la escalera
incompleta y las aguas estancadas.

III

Arrullo mi dolor como una madre a su hijo
o me refugio en él como el hijo en su madre
alternativamente poseedora y poseída.
No supe aquella tarde
que cuando yo decía adiós tú decías muerte.

Ahora ya no es posible saber nada.

Para dejar caer, rendida, mi cabeza
busco una piedra lisa por almohada.
No pido más que un limbo de soledad y hastío
que albergue mi ternura derrotada.

TERCERA ELEGÍA

I

Como la cera blanda, consumida
por una llama pálida, mis días
se consumen ardiendo en tu recuerdo.
Apenas iluminas el túnel de silencio
y el espanto impreciso
hacia el que paso a paso voy entrando.

Algo vibra en mi ser que aún protesta
contra el alud de olvido
que arrastra en pos de sí a todas las cosas.
¡Ah, si pudiera entonces crecer y levantarme,
alumbrar como lámpara
alimentada de tu vivo aceite
en una hoguera poderosa y clara!

Pero ya nada alcanza a rescatarme
de la tristeza inerte que me apaga.

Grandes espacios ciernen finas nieblas
entre tu rostro y los que aquí te borran.
Tu voz es casi un eco
y lejos resplandece tu mirada.

II

Como queriendo sorprender tu ausencia
desnuda, abro las puertas de improviso
y acecho las ventanas entornadas.

Encuentro las estancias desiertas y sombrías
donde el vacío congela sus perfiles
ciñéndose a la línea de tu cuerpo.

Es como una profunda y simple copa
para beber la integridad del llanto.

III

Tal vez no estés aquí dominando mis ojos,
dirigiendo mi sangre, trabajando en mis células,
galvanizando un pulso de tinieblas.

Tal vez no sea mi pecho la cripta que te guarda.

Pero yo no sería si no fuera
este castillo en ruinas que ronda tu fantasma.

LA ANUNCIACIÓN

I

Porque desde el principio me estabas destinado.
Antes de las edades del trigo y de la alondra
y aun antes de los peces.
Cuando Dios no tenía más que horizontes
de ilimitado azul y el universo
era una voluntad no pronunciada.
Cuando todo yacía en el regazo
divino, entremezclado y confundido,
yacíamos tú y yo totales, juntos.
Pero vino el castigo de la arcilla,
me tomó entre sus dedos desgarrándome
de la absoluta plenitud antigua.
Modeló mis caderas y mis hombros,
me encendió de vigilias sin sosiego
y me negó el olvido.
Yo sabía que estabas dormido entre las cosas
y respiraba el aire para ver si te hallaba

y bebía de las fuentes como para beberte,
huérfana de tu peso dulce sobre mi pecho,
sin nombre mientras tú no descendieras
languidecía, triste, en el destierro.
Un cántaro vacío semejaba
nostálgico de vinos generosos
y de sonoras e inefables aguas.
Una cítara muda parecía.
No podía siquiera morir como el que cae
aflojando los músculos en una
brusca renunciación. Me flagelaba
la feroz certidumbre de tu ausencia,
adelante, buscando tu huella o tus señales.
No podía morir porque aguardaba.

Porque desde el principio me estabas destinado
era mi soledad un tránsito sombrío
y un ímpetu de fiebre inconsolable.

II

Porque habías de venir a quebrantar mis huesos
y cuando Dios les daba consistencia pensaba
en hacerlos menores que tu fuerza.
Dócil a tu ademán redondo mi cintura

y a tus orejas vírgenes mi voz, disciplinada
en intangibles sílabas de espuma.
Multiplicó el latido de mis sienes,
organizó las redes de mis venas
y ensanchó las planicies de mi espalda.
Y yo medí mis pasos por la tierra
para no hacerte daño.
Porque ante ti que estás hecho de nieve
y de vellones cándidos y pétalos
debo ser como un arca y como un templo:
ungida y fervorosa,
elevada en incienso y en campanas.

Porque habías de venir a quebrantar mis huesos,
mis huesos, a tu anuncio, se quebrantan.

III

Para que tú lo habites quisiera depararte
un mundo esclarecido de céfiros, laureles,
fosforescentes algas, litorales sin término,
grutas de fino musgo y cielos de palomas.

IV

He aquí que te anuncias.
Entre contradictorios ángeles te aproximas,
como una suave música te viertes,
como un vaso de aromas y de bálsamos.

Por humilde me exaltas. Tu mirada,
benévola, transforma
mis llagas en ardientes esplendores.
He aquí que te acercas y me encuentras
rodeada de plegarias como de hogueras altas.

MEMORIAL DE TLATELOLCO

La oscuridad engendra la violencia
y la violencia pide oscuridad
para cuajar en crimen.

Por eso el dos de octubre aguardó hasta la noche
para que nadie viera la mano que empuñaba
el arma, sino sólo su efecto de relámpago.

Y a esa luz, breve y lívida, ¿quién? ¿Quién es el que mata?
¿Quiénes los que agonizan, los que mueren?
¿Los que huyen sin zapatos?
¿Los que van a caer al pozo de una cárcel?
¿Los que se pudren en el hospital?
¿Los que se quedan mudos, para siempre, de espanto?

¿Quién? ¿Quiénes? Nadie. Al día siguiente, nadie.

La plaza amaneció barrida; los periódicos
dieron como noticia principal
el estado del tiempo.
Y en la televisión, en la radio, en el cine
no hubo ningún cambio de programa,
ningún anuncio intercalado ni un
minuto de silencio en el banquete.
(Pues prosiguió el banquete).
No busques lo que no hay: huellas, cadáveres,
que todo se le ha dado como ofrenda a una diosa:
a la Devoradora de Excrementos.

No hurgues en los archivos pues nada consta en actas.

Ay, la violencia pide oscuridad
porque la oscuridad engendra el sueño
y podemos dormir soñando que soñamos.

Mas he aquí que toco una llaga: es mi memoria.
Duele, luego es verdad. Sangre con sangre
y si la llamo mía, traiciono a todos.

Recuerdo, recordamos.

Ésta es nuestra manera de ayudar a que amanezca
sobre tantas conciencias mancilladas,
sobre un texto iracundo, sobre una reja abierta,
sobre el rostro amparado tras la máscara.

Recuerdo, recordemos
hasta que la justicia se siente entre nosotros.

DIÁLOGO DEL SABIO Y SU DISCÍPULO

—Cuando decimos «yo»
nos atamos al cuello una vocal redonda,
una cuerda de ahorcar; nos taladramos
la nariz con un aro como el que rige al buey;
nos ceñimos grillete de prisionero.

Círculo de exclusión, rómpelo, sáltalo.

Tus ojos son poliédricos como los de la avispa.
Cuando lo miras tú se quiebra el mundo.

Pero los cielos narran lo que saben:
«El tiempo no es la tenia que añade día a los días.
Su transcurrir continuo, su historia, es la de un río».
Y los del coro cantan:
«Aquí y allá; los cuatro
puntos; las dieciséis atmósferas; los siete
mares, los veinte climas,
lo numerable, en fin, es uno y único».

No estás solo y aparte.
Tú le dueles a Dios; el universo
se hace pequeño en ti; se hace ciego, borracho.
Y loco.

Algo te roban si una estrella cae.
Tu furia tiene hocico de tigre, tu memoria
cabeza de elefante y tu curiosidad
pescuezo de jirafa.
¿Dónde, para apuntar la flecha, está tu centro?
¿En quién te va a matar la muerte?
—En los que amo.

DIÁLOGOS CON LOS HOMBRES MÁS HONRADOS

«Tal vez, bajo otro cielo, la vida nos sonría».

Hombre ingenuo. Porfirio con cara de caballo,
¿no alcanzaste a saber
que la vida no tiene ni aquí ni allá ni antes
ni después ni sonrisa?

*

«Es tan corto el amor y es tan largo el olvido».
Ay, Neruda, Neruda.
¿Con qué vara mediste lo continuo?
¿Qué espesor de cabello te sirvió de frontera?

Porque un río cambia el nombre
según el territorio que atraviesa
pero es siempre agua
—en la aridez y en el verdor—, impulso
hacia delante, fuga, estruendo, vórtice

remanso, pero siempre agua, agua
y, por fin, el encuentro con el mar.

*

Un milagro: «Alcanzar
no lo que habías pedido
sino lo que te dan».
Porque hay entre el tiempo
de pedir y el de dar
un tiempo verdadero:
el de cambiar.

*

«Me quiero despedir de tanta pena»
igual que tú, Miguel, pero soy mexicana
y en mi país tenemos ritos, costumbres, modos.

Si la pena me dice que se va, me desvivo
por ser hospitalaria.
¿Se le ofrece un café? ¿Una copita?
Que se quede otro rato.
Aún no es tarde y afuera hace mal tiempo
y hay tanto de que hablar todavía. Hablaremos.

Alguna vez se va a poner de pie,
a pesar de mis súplicas,
y llegaremos juntas a la puerta
y la abriremos y, a los cuatro vientos,
como aquí suele hacerse, seguiremos charlando.

Y temo que mi adiós —si es que hay adiós—
se confunda con una bienvenida:
la que preparo ya para la muerte.

*

«¿Cómo era, Dios mío, cómo era?».
¿Cómo era quién, don Juan Ramón? ¿O qué?

*

«Aré en el mar».
Simón, ¿hay otra parte
en que es posible o necesario arar?

*

«Ayer naciste y morirás mañana».
¡Dios mío! ¿Y mientras tanto?

*

«Reconocer que el otro existe, ya es amar».
Santa y sabia Simona ¿qué sería
reconocer primero y después aceptar?

*

El Libro de los Muertos dice del que se salva
que no causó temor nunca y a nadie.

Y el portador del Libro, en su viaje, no encuentra
a ningún dios, a ningún héroe, a un genio
ni a ningún animal, ni siquiera a una planta.
Encuentra sólo soledad y tiembla
de miedo y con su miedo se empavorece el mundo
recuperando así su ingrediente esencial.

*

«Soy un harén y un hospital
colgados juntos de un ensueño».

Ramón, por tu virtud única de poeta
–que fue la de sentirte desollado–
machihembraste en un verso nuestra raza,

nuestra historia y los días que vivimos:
pródigo de sí el macho y la hembra vergonzante
de su sexo. Meciéndose los dos
como se mece el péndulo
entre el placer culpable y la culpa sin placer,
extremos ambos, polos de un ámbito vacío
al que, cuando soñamos, le decimos amor;
mas si admite su nombre verdadero,
se llama soledad.

*

«Saluda al sol, araña, no seas rencorosa».
¿Por qué habrías de serlo si tienes un rincón
y una tela que hacer y el instinto seguro
del tejedor que teje sin preguntarse nunca
ni el motivo ni el fin?

*

«Nadie elige su amor», don Antonio. De acuerdo.
Pero, al menos, habría que aceptar
que cada uno elige su manera
de amar. O de no amar.

*

«La primera vez
no te conocí.
La segunda, sí».

Lo cual prueba, tan sólo, Federico,
que es el hombre el único animal
que tropieza dos veces contra la misma piedra.

CONSEJO DE CELESTINA

Desconfía del que ama: tiene hambre,
no quiere más que devorar.
Busca la compañía de los hartos.
Ésos son los que dan.

RELATO DEL AUGUR

I

Antes que amaneciera nos encontramos juntos.
Como quien sale de un sopor nos vimos
y a oscuras nos buscamos las caras y los nombres.
Y dijimos: hermanos seremos de una misma
memoria, de unos mismos trabajos y esperanzas.

El principio fue así. La niebla, último aliento
de la noche, jugaba a enloquecernos.
Nos mostraba figuras de monstruos, nos hacía
tropezar siempre con la misma piedra
y partir y volver, después de mucho andar,
al sitio del que habíamos partido.

Fueron estos los años de peregrinación
y uno fue dicho «el del jadear penoso»
y otro «el del sobresalto» y «el del rastro falaz».

El muerto se moría y su muerte nos era
afrenta, deserción, pacto incumplido
y juramento roto.

Lo abandonábamos a la intemperie,
al buitre, al que devora carroña, al exterminio.

Pues aún este misterio no nos era sagrado.

Íbamos en manada como los animales;
nuestros caciques eran Hambre y Miedo
y el freno que tascábamos se llamaba Peligro.

Pero alguno sentía ya dentro de su entraña
el espasmo del dios,
la quemadura de la profecía.
Al fin prevaleció sobre sus adversarios.
Pasamos a ser hombres que llevan a su espalda
un cargamento, un peso, un ídolo, un destino.

A veces nos hablaba la ceniza,
nos hacía señales el viento, nos dictaba
mandatos la hojarasca.
Y muy pronto quisimos saber más,
hurgar la voluntad a la que obedecíamos,
arrancar su secreto a la mudez del mundo.

Así fue como abrimos corazones,
como despedazamos materias, como hicimos
de toda cosa augurio, y del destazador,
del cuchillo, su intérprete.

Empezamos entonces a atesorar palabras.
El sabidor, el dueño, llegó a ser poderoso.
Estaba aparte, solo. Un día ya no quiso
continuar por su pie. Y otros, los hombrecillos
que no entienden y tiemblan,
se pusieron las andas sobre el hombro.

De tal modo, la marcha
se hizo lenta y difícil para muchos.

Rendidos de fatiga
dormíamos oyendo murmullos: bestezuelas
que palpitan y medran en la sombra;
cuchicheos de mujeres, suspiros sofocados,
el llanto del que nace
y el gemido angustioso del que sueña.

Alguno, antes que nadie
escrutó la tiniebla.
Miró hacia el firmamento nocturno (para ti,
para mí —desatentos—,

imagen de mazorca desgranada)
y halló la ley y el número.

¿Quién de los caminantes
dijo: hasta aquí llegamos?
¿La preñada de huella doble? ¿El cojo?
¿El anciano reumático? ¿El hombre que medita?

¿O el pájaro que iba delante de nosotros?

Pero la tribu unánime
se detuvo y hundió
su cayado, con fuerza de raíz, en la tierra.

Sobrevino la hora
del constructor y de los fundadores.

Cada uno, como el árbol,
era él y el contorno que amparaba su sombra.
Y por primera vez sembramos nuestros muertos.

II

He aquí la heredad: el valle, el valle.
Cerros donde los dioses se quebraron las manos,

lava de las catástrofes antiguas.
La luz húmeda, siempre recién manada; el breve
espejo y el relámpago del agua.
Y sobre la extensión el aletazo
del águila y el pico
curvo y la uña rapaz.

III

Merodeamos en los alrededores
del pueblo establecido y las ciudades prósperas.

Comimos alimañas,
hojas inmundas,
moscos.

Acechador, ladrón, tal era nuestro mote.
(Y en silencio pulíamos la punta de la flecha).

IV

Aguardamos el turno,
la hora de nutrir las potencias famélicas.

He aquí que el sol nos exigió tributo,
que la noche bramaba buscando su alimento.

Y fuimos laboriosos:
sacerdotes, artífices, guerreros.

¡Qué esfuerzo el de la piedra
cuando por su vagina transitaba
la arista ruda de la geometría!

¡Qué clamor el del tronco, cuando talado y hueco,
resonaba invocando a lo divino!

En fiesta, en embriaguez, en frenesí,
dimos lo que teníamos: la riqueza y la sangre.

Y nos aproximamos
a la fija crueldad de la obsidiana
con el rostro cubierto por la piel
del enemigo muerto.

V

Lejos ondea el penacho
del capitán y hasta el confín se alarga
nuestro puño feroz y autoritario.

Las deidades descansan en nosotros.

Mas ¿por qué este sabor caduco en nuestros cantos?
¿Por qué nuestros adornos se marchitan?
¿Por qué aun lo duradero nos predice
el fin de nuestro siglo?

Se multiplican voces:
del mar vendrá la tempestad. Del mar.

Ay, todo lo que vemos
tiene un temblor funesto de presagio.

¡Del mar vendrá la tempestad! ¡Del mar!

No es mentira. No invento lo que digo.

Sólo estoy recordando.

EL OTRO

¿Por qué decir nombres de dioses, astros,
espumas de un océano invisible,
polen de los jardines más remotos?
Si nos duele la vida, si cada día llega
desgarrando la entraña, si cada noche cae
convulsa, asesinada.
Si nos duele el dolor en alguien, en un hombre
al que no conocemos, pero está
presente a todas horas y es la víctima
y el enemigo y el amor y todo
lo que nos falta para ser enteros.
Nunca digas que es tuya la tiniebla,
no te bebas de un sorbo la alegría.
Mira a tu alrededor: hay otro, siempre hay otro.
Lo que él respira es lo que a ti te asfixia,
lo que come es tu hambre.
Muere con la mitad más pura de tu muerte.

DESTINO

Matamos lo que amamos. Lo demás
no ha estado vivo nunca.
Ninguno está tan cerca. A ningún otro hiere
un olvido, una ausencia, a veces menos.
Matamos lo que amamos. ¡Que cese esta asfixia
de respirar con un pulmón ajeno!
El aire no es bastante
para los dos. Y no basta la tierra
para los cuerpos juntos
y la ración de la esperanza es poca
y el dolor no se puede compartir.

El hombre es animal de soledades,
ciervo con una flecha en el ijar
que huye y se desangra.

Ah, pero el odio, su fijeza insomne
de pupilas de vidrio; su actitud
que es a la vez reposo y amenaza.

El ciervo va a beber y en el agua aparece
el reflejo del tigre.

El ciervo bebe el agua y la imagen. Se vuelve
—antes que lo devoren— (cómplice, fascinado)
igual a su enemigo.

Damos la vida sólo a lo que odiamos.

EL DESPOJO

Me arrebataron la razón del mundo
y me dijeron: gasta tus años componiendo
este rompecabezas sin sentido.

No hay más. Un acto es una estatua rota.
Una palabra es sólo
la imagen deformada en un espejo.

¿Qué vas a amar? ¿Un cuerpo que se pudre
—ese pantano lento en que te ahogas—
o un alma que no existe?

¿Qué puedes esperar? El tiempo es lo continuo
y si dices «mañana» mientes, pues dices «hoy».

Ni siquiera se muere. Algo muy leve cambia
y sigues, dura, en piedra; creciendo en vegetal
y otra vez despertando en lo que eras.

Otra vez. Otra vez.

Me dijeron: no busques. Nada se te ha perdido.

Y los vi desde lejos
ocultar lo que roban y reír.

AMANECER

¿Qué se hace a la hora de morir? ¿Se vuelve la cara a la
[pared?
¿Se agarra por los hombros al que está cerca y oye?
¿Se echa uno a correr, como el que tiene
las ropas incendiadas, para alcanzar el fin?

¿Cuál es el rito de esta ceremonia?
¿Quién vela la agonía? ¿Quién estira la sábana?
¿Quién aparta el espejo sin empañar?

Porque a esta hora ya no hay madre y deudos.

Ya no hay sollozo. Nada, más que un silencio atroz.

Todos son una faz atenta, incrédula
de hombre de la otra orilla.

Porque lo que sucede no es verdad.

PRIVILEGIO DEL SUICIDA

El que se mata mata al que lo amaba.
Detiene el tiempo —el tiempo que es de todos
y no era sólo suyo—
en un instante: aquel en que alzó el vaso
colmado de veneno;
en que segó la yugular, en que
hendió con largos gritos el vacío.

Ah, la memoria atónita, sin nada más que un huésped;
la atención que regresa como un tábano
siempre hasta el mismo punto intraspasable
y la esperanza que amputó sus pies
para ya no tener que ir más allá.

Ay, el sobreviviente,
el que se pudre a plena luz, sepulcro
de par en par abierto,
paseante de hediondeces y gusanos,
presencia inerme ante los ojos fijos

del juez ¿y quién entonces
no osa empuñar la vara del castigo?

¡Condenación a vida!

(Mientras el otro, sin amarraduras,
alcanza la inocencia del agua, las esencias
simplísimas del aire
y, materia fundida en la materia
como el amante en brazos del amor,
se reconcilia con el universo).

METAMORFOSIS DE LA HECHICERA

A Remedios Varo

Nacer, salir de madre como el río
que se despeña, arrastra materias extrañas, precipita
su caudal hasta el fin, sin ver el cielo
ni el árbol de las márgenes
ni pulir con amor la piedra de su entraña.

Así a nuestro vivir llamamos vértigo,
remolino que a veces devora, algo que enreda
lo que quiere ascender hasta la superficie.
Y no hay, entre el estruendo y su extinción,
más que la turbiedad
del limo, el pez oscuro y el pulso sin descanso.

Así todos los que desembocamos
en el mar antes de haber logrado un nombre.

Así todos. No ella. Hecha también de agua,
se detuvo en remansos pensativos.

¡Qué figuras nos deja entrever su transparencia!
Galerías sin fin, palacios desolados,
complejas maquinarias
donde se transformaba el universo
en belleza y en orden y en ley resplandeciente.
Mujer, hilaba copos de luz; tejía redes
para apresar estrellas.

Mujer, tuvo sus máscaras y jugaba a engañarse
y a engañar a los otros,
mas cuando contemplaba su rostro verdadero
era una flor de pétalos
pálidos y marchitos: amor, ausencia y muerte.
Y en su corola había
alguna cicatriz casi borrada.

Por todo lo que supo era obediente y triste
y cuando se marchó por esa calle
—que tan bien conocía— de los adioses,
fueron a despedirla criaturas de hermosura,
ésas que rescató del caos, de la sombra,
de la contradicción, y las hizo vivir
en la atmósfera mágica creada por su aliento.

BELLA DAMA SIN PIEDAD

Se deslizaba por las galerías.

No la vi. Llegué tarde, como todos,
y alcancé nada más la lentitud
púrpura de la cauda; la atmósfera vibrante
de aria recién cantada.

Ella no. Y era más
que plenitud su ausencia
y era más que esponsales
y era más que semilla en que madura el tiempo:
esperanza o nostalgia.

Sueña, no está. Imagina, no es. Recuerda,
se sustituye, inventa, se anticipa,
dice adiós o mañana.

Si sonríe, sonríe desde lejos,
desde lo que será su memoria, y saluda
desde su antepasado pálido por la muerte.

Porque no es el cisne. Porque si la señalas,
señalas una sombra en la pupila
profunda de los lagos
y del esquife sólo la estela y de la nube
el testimonio del poder del viento.

Presencia prometida, evocada. Presencia
posible del instante
en que cuaja el cristal, en que se manifiesta
el corazón del fuego.

El vacío que habita se llama eternidad.

JORNADA DE LA SOLTERA

Da vergüenza estar sola. El día entero
arde un rubor terrible en su mejilla.
(Pero la otra mejilla está eclipsada).

La soltera se afana en quehacer de ceniza,
en labores sin mérito y sin fruto;
y a la hora en que los deudos se congregan
alrededor del fuego, del relato,
se escucha el alarido
de una mujer que grita en un páramo inmenso
en el que cada peña, cada tronco
carcomido de incendios, cada rama
retorcida, es un juez
o es un testigo sin misericordia.

De noche la soltera
se tiende sobre el lecho de agonía.
Brota un sudor de angustia a humedecer las sábanas
y el vacío se puebla
de diálogos y hombres inventados.

Y la soltera aguarda, aguarda, aguarda.

Y no puede nacer en su hijo, en sus entrañas,
y no puede morir
en su cuerpo remoto, inexplorado,
planeta que el astrónomo calcula,
que existe aunque no ha visto.

Asomada a un cristal opaco la soltera
—astro extinguido— pinta con un lápiz
en sus labios la sangre que no tiene.

Y sonríe ante un amanecer sin nadie.

NINFOMANÍA

Te tuve entre mis manos:
la humanidad entera en una nuez.
¡Que cáscara tan dura y tan rugosa!

Y, adentro, el simulacro
de los dos hemisferios cerebrales
que, obviamente, no aspiran a operar
sino a ser devorados, alabados
por ese sabor neutro, tan insatisfactorio
que exige, al infinito,
una vez y otra y otra, que se vuelva a probar.

CRÓNICA FINAL

I

Lo dijimos entonces.
Cuando los años de la cobardía,
cuando toda la tierra hedió de las entrañas
podridas del augur y enormes animales
mugieron en los páramos nocturnos.

Lo dijimos entonces. Cuando quedamos huérfanos
y la mentira se hizo madrastra nuestra y fue
dispensadora del pan amargo, escanciadora del agrio vino,
dueña, en fin, de la celda y de la triste lámpara.

Como la enfermedad
tiñe de su color al ictérico, así
la mentira sudaba en nuestros poros.
Vendimos la memoria y por befa trocamos
la alegría, por sarcasmo la esperanza.

Fraude era la palabra en nuestra boca.

II

Dijimos soledad entonces. Lo que dice
la rama cuando cae desgajada,
lo que dicen las tapias cuando se vuelven sordas.

Y mentimos. No era soledad. Era miedo
y, locos ya, girábamos dentro de la prisión
como la rata que oye
primero que el marino los ruidos del naufragio.

III

No estábamos aparte. Parentesco
estableció entre todos la desgracia,
y la cautividad
une más que la leche y que la sangre.

Criaturas padecían a nuestro alrededor
y volvían, suplicantes, la mirada a nosotros
desde su desamparo.
¿Qué les dimos? ¿La voz que no tenían,
los ojos que faltaban a sus lágrimas,

un corazón que fuera la casa de su angustia?
No, sino la respuesta de Caín,
la espalda del que niega, del que huye.

IV

¿Es lícito que el árbol
diga que no al invierno?
¿Puede acaso romper
su órbita la estrella tributaria?
Y nosotros, menores todavía,
quisimos traicionar nuestro destino,
convertirnos en perros del festín,
en fimbria de la capa
que va lamiendo el paso de los reyes.
O en el arma que empuña el poderoso.

V

He aquí que llegamos
a los días de la consumación.
En las manos del viento
la antorcha del placer flameó hasta extinguirse
y sus pies pisotearon la corona del triunfo,

y arrancó su violencia
a los rostros la máscara de la desigualdad:
sólo víctimas yacen bajo los escombros.

Un gran demonio mudo anudó en nuestra lengua
el nudo del silencio.

Nuestra historia la escribe
reptando entre cenizas la serpiente.

ENTREVISTA DE PRENSA

Pregunta el reportero, con la sagacidad
que le da la destreza de su oficio:
−¿Por qué y para qué escribe?

−Pero, señor, es obvio. Porque alguien
(cuando yo era pequeña)
dijo que la gente como yo no existe.
Porque su cuerpo no proyecta sombra,
porque no arroja peso en la balanza,
porque su nombre es de los que se olvidan.
Y entonces... Pero no, no es tan sencillo.

Escribo porque yo, un día, adolescente,
me incliné ante un espejo y no había nadie.
¿Se da cuenta? El vacío. Y junto a mí los otros
chorreaban importancia.

No, no era envidia. Era algo más grave. Era otra cosa.
¿Comprende usted? Las únicas pasiones

lícitas a esa edad son metafísicas.
No me malinterprete.

Y luego, ya madura, descubrí
que la palabra tiene una virtud:
si es exacta es letal
como lo es un guante envenenado.

¿Quiere pasar a ver mi mausoleo?
¿Le gusta este cadáver? Pero si es nada más
una amistad inocua.
Y ésta una simpatía que no cuajó y aquél
no es más que un feto. Un feto.

No me pregunte más. ¿Su clasificación?
En la tarjeta dice amor, felicidad,
lo que sea. No importa.

Nunca fue viable. Un feto en su frasco de alcohol.
Es decir, un poema
del libro del que usted hará el elogio.

ENCARGO

Cuando yo muera dadme la muerte que me falta
y no me recordéis.
No repitáis mi nombre hasta que el aire sea
transparente otra vez.

No erijáis monumentos, que el espacio que tuve
entero lo devuelvo a su dueño y señor
para que advenga el otro, el esperado,
y resplandezca el signo del favor.

POST-SCRIPTUM

Mi antagonista (que soy siempre yo) me dice:
Muy sencillo. Has resuelto tu problema
como Spinoza, «more geometricum»:
un lugar, una forma para permanecer
y una función, quizá, para cumplir.

Pero se te ha olvidado decir quién supervisa
la coincidencia exacta
entre el tornillo y lo demás; quién firma
el visto bueno de los hechos. Quién...
y, en todo caso, para qué. O por qué.

Pues, evidentemente, nunca has pensado en esto
sino en salir del paso y ponerte a vivir
como si fuera necesario. En fin, muy femenino.

Pero, por Dios, ¿no tienes vergüenza del mendrugo
que masticas, día a día, tan trabajosamente?
¿No te sublevas contra esta tarea circular

de mula en torno de la noria? Al menos
exige que te pongan anteojeras
para no ver que estás siempre en el mismo sitio.

¿Sabes?, la metafísica dora todas las píldoras,
sirve de colagogo, lo mismo que la ética.
No la desprecies tanto, pues ya no eres tan joven.
Y la precisarás, como a la religión
o cualquier otra droga cuando venga
el verdadero tiempo de agonía.

POESÍA NO ERES TÚ

Porque si tú existieras
tendría que existir yo también. Y eso es mentira.

Nada hay más que nosotros: la pareja,
los sexos conciliados en un hijo,
las dos cabezas juntas, pero no contemplándose
(para no convertir a nadie en un espejo)
sino mirando frente a sí, hacia el otro.

El otro: mediador, juez, equilibrio
entre opuestos, testigo,
nudo en el que se anuda lo que se había roto.

El otro, la mudez que pide voz
al que tiene la voz
y reclama el oído del que escucha.

El otro. Con el otro,
la humanidad, el diálogo, la poesía comienzan.

Papel certificado por el Forest Stewardship Council®

Primera edición: marzo de 2025

© 1948-1971, Rosario Castellanos
Fondo de Cultura Económica
© 2025, Penguin Random House Grupo Editorial, S. A. U.
Travessera de Gràcia, 47-49. 08021 Barcelona

Printed in Spain – Impreso en España

ISBN: 978-84-397-4542-6
Depósito legal: B-587-2025

Compuesto en La Nueva Edimac, S. L.
Impreso en Huertas Industrias Gráficas, S. A.

RH45426